BEI GRIN MACHT SICH IHR WISSEN BEZAHLT

- Wir veröffentlichen Ihre Hausarbeit, Bachelor- und Masterarbeit

- Ihr eigenes eBook und Buch - weltweit in allen wichtigen Shops

- Verdienen Sie an jedem Verkauf

Jetzt bei www.GRIN.com hochladen und kostenlos publizieren

Bibliografische Information der Deutschen Nationalbibliothek:

Die Deutsche Bibliothek verzeichnet diese Publikation in der Deutschen Nationalbibliografie; detaillierte bibliografische Daten sind im Internet über http://dnb.d-nb.de/ abrufbar.

Dieses Werk sowie alle darin enthaltenen einzelnen Beiträge und Abbildungen sind urheberrechtlich geschützt. Jede Verwertung, die nicht ausdrücklich vom Urheberrechtsschutz zugelassen ist, bedarf der vorherigen Zustimmung des Verlages. Das gilt insbesondere für Vervielfältigungen, Bearbeitungen, Übersetzungen, Mikroverfilmungen, Auswertungen durch Datenbanken und für die Einspeicherung und Verarbeitung in elektronische Systeme. Alle Rechte, auch die des auszugsweisen Nachdrucks, der fotomechanischen Wiedergabe (einschließlich Mikrokopie) sowie der Auswertung durch Datenbanken oder ähnliche Einrichtungen, vorbehalten.

Impressum:

Copyright © 2017 GRIN Verlag
Druck und Bindung: Books on Demand GmbH, Norderstedt Germany
ISBN: 9783668647664

Dieses Buch bei GRIN:

https://www.grin.com/document/414018

Pia Rudolphi

Standardsprache oder Standardvarietät? Eine Kritik an der Diskussion bezüglich der Zielvarietät im DaF-Unterricht

GRIN Verlag

GRIN - Your knowledge has value

Der GRIN Verlag publiziert seit 1998 wissenschaftliche Arbeiten von Studenten, Hochschullehrern und anderen Akademikern als eBook und gedrucktes Buch. Die Verlagswebsite www.grin.com ist die ideale Plattform zur Veröffentlichung von Hausarbeiten, Abschlussarbeiten, wissenschaftlichen Aufsätzen, Dissertationen und Fachbüchern.

Besuchen Sie uns im Internet:

http://www.grin.com/

http://www.facebook.com/grincom

http://www.twitter.com/grin_com

Pia Rudolphi

Aus
Standardsprache oder Standardvarietät?
**Kritik an der Diskussion
um die Zielvarietät im DaF-Unterricht**

Essay

im Rahmen des Seminars
"Mehrsprachigkeit fördern"
Studienleistung im Vertiefungsmodul „Fachdidaktik"

Westfälische Wilhelms-Universität Münster
Germanistisches Institut
Abteilung für Sprachwissenschaft

vorgelegt von: Pia Rudolphi

Deutsch – Eine Sprache?

„Lerner von Deutsch als Fremdsprache sehen sich häufig vor unerwartete Schwierigkeiten gestellt, wenn sie versuchen außerhalb des Unterrichts mit Muttersprachlern des Deutschen zu kommunizieren, die nicht die Standardsprache verwenden" (Baßler/Spiekermann 2001: 205).

Man könnte annehmen, dass es ein leichtes sei die deutsche Sprache als Fremdsprache zu unterrichten und zu erlernen. Als Orientierung der Schriftlichkeit dienen die deutsche Rechtschreibung sowie die Grammatik. Im sprechsprachlichen Bereich kann man sich an den orthographischen Vorgaben für die Standardsprache orientieren, wie man sie in Wörterbüchern oder Aussprachewörterbüchern findet (Hirschfeld 1996: 187, Hirschfeld & Stock 2014: 263). Wie kann es dann dennoch zu Problemen im Sprachkontakt kommen?

Bis Mitte des 20. Jahrhunderts war es kaum problematisch sich für eine angemessene Sprache zu entscheiden. Aufgrund des damaligen diglossischen Verhältnisses von Standardsprache auf der einen und den Dialekten auf der anderen Seite (Mattheier 1990: 7). Diese Diglossie durchlief jedoch in den letzten Jahrzehnten einige Veränderungen.

Die bekannteste Veränderung ist wohl der Rückgang des Gebrauches verschiedener Dialekte (*Dialektabbau*) (Bellmann 1983: 112, Spiekermann 2007). Doch die sprachliche Entwicklung zeigte nicht nur auf dialektaler Ebene einen Rückgang, sondern auch eine Abkehr der Sprecher[1] von standardsprachlichen Normen (*Standardabbau*) (Spiekermann 2007). Bellmann (1983) benannte die Veränderungen in der deutschen Sprache schon in den 80er Jahren als den „Neuen Substandard": eine Sprachvarietät die sich sowohl standardsprachlicher als auch dialektaler Elemente bedient.

Betrachtet man heute die deutsche Sprache stellt man fest, dass diese mittlerweile „in eine Vielzahl unterschiedlicher Varietäten aufgesplittert ist" (Spiekermann 2007). Baßler und Spiekermann (2001/2) veranschaulichen diese Varietäten des Deutschen anhand des folgenden Modells[2].

---

[1] Aus platzökonomischen Gründen verwende ich für die Bezeichnung von Personen nur das generische Maskulinum.
[2] Das Modell ist gültig für Süddeutschland, weite Teile des Mitteldeutschen und für Österreich (Spiekermann 2007).

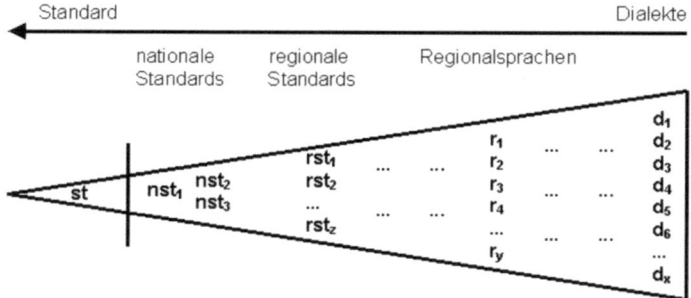

Abb. 1: Modell regionaler Varietäten – Diaglossie, nach Baßler/Spiekermann (2001)

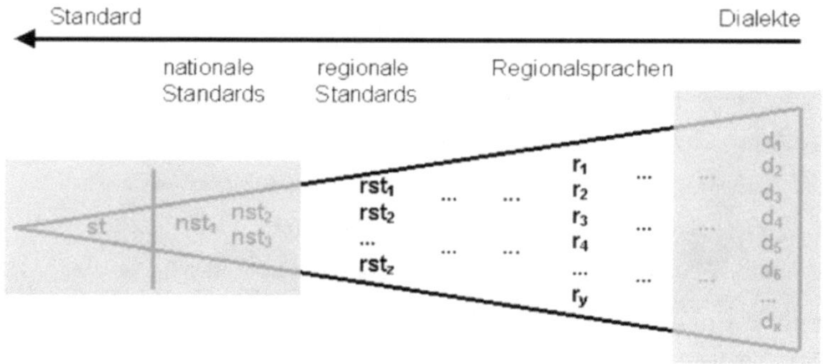

Abb. 2 Modell regionaler Varietäten – Diaglossie nach Baßler/Spiekermann (2001)

Neben dem Dialekt- und Standardabbau wird eine Vielzahl an neuen sprachlichen Variationen im deutschen Sprachraum verwendet. „Deutsch" steht somit nur als Sammelbezeichnung für diverse sprachliche Varietäten (Baßler/Spiekermann 2001: 205). Baßler und Spiekermann (Baßler/Spiekermann 2001/2) lösen sich von der Vorstellung dieser ‚einen Standardsprache'.

Die Sprecher im deutschen Sprachraum befinden sich - sprechsprachlich gesehen - im mittleren Bereich des Modells und bedienen sich der regionalen Standards und Regionalsprachen. Die Verwendung der Standardsprache und Dialekte geht stark zurück und ist sogar, laut Baßler/Spiekermann (2001/2), kaum mehr vorhanden.

Folgt man diesen Annahmen würde dies bedeuten, dass es im Deutschen nicht mehr ‚die eine Standardsprache' gibt. Somit könnte sie nicht mehr als Zielvarietät für den Deutsch als Fremdsprache-Unterricht[3] in Frage kommen.

Standardsprache: Konstrukt vs. Ideologie

Ausgehend von dieser Annahme sollte die logische Konsequenz die Einführung regionaler Varietäten im DaF-Unterricht sein. Denn die Standardsprache gleicht viel mehr einem Konstrukt als einer tatsächlich angewandten Sprache (Spiekermann 2007).

> „Tatsächlich wird es niemanden geben, der diesen Standard perfekt beherrscht. Selbst geschulte Sprecher sind wie Schauspieler oder Nachrichtensprecher sind nicht in der Lage, einen völlig variationsfreien oder von regionalen Einflüssen unberührten Standard zu artikulieren" (ebd.).

Die Auffassung, man müsse regionale Varietäten im DaF-Unterricht stärker einbinden, gewinnt seit einiger Zeit immer mehr Zuspruch (Hinsken: 288). Den Gebrauch der Varietäten und Nicht-Einhaltung einer Standardsprache bestätigen mittlerweile auch diverse Umfragen unter DaF-Lehrern und -Lernern (Baßler/Spiekermann 2001/2; Langer 2013). Es ließ sich sogar feststellen, „dass die von DaF-Experten [...] geforderte und erwartete ‚variationslose Zielsprache', die sich an der Standardnorm orientiert, in der Praxis nicht vorhanden ist" (Langer 2013: 429).

Ungeachtet dieser Tatsache bestehen dennoch einige DaF-Experten auf die Alleinstellung der Standardsprache und ihrer beizubehaltenden Position als Spracherwerbsziel (ebd.).

> „Die vorherrschende Meinung insbesondere bei DaF-Lehrern und bei den meisten Lehrbuchverlagen scheint zu sein, dass sich der DaF-Unterricht hauptsächlich auf die Vermittlung der deutschen Standardsprache beschränken muss und soll" (Baßler/Spiekermann 2001/2).

Die Vorstellung einer variationslosen Standardsprache ist scheinbar tief in der Vorstellung der Sprecher verankert. Auch die Tatsache, dass dies nicht der Sprachrealität entspricht, wird konsequent ignoriert (Schröter/Langer 2011: 5). Maitz und Elspaß (2013: 35) sehen die Gründe hierfür in den sprachlichen Ideologien, welche „auf unterschiedlich beeinflussten Überzeugungen, nicht aber auf rationaler

---

[3] Im Folgenden „DaF".

Erkenntnis" basieren. Die Vorstellung, dass es „das elementare Interesse eines jeden Sprechers, [...]" sei, die Standardsprache „[...] zu erlernen und zu verwenden" (ebd.) ist sowohl unter linguistischen Laien als auch Experten verbreitet. So findet sich der DaF-Lerner also in einem durch ideologische Annahmen verzerrten realitätsfernen Sprach(lern)raum wieder.

Ideologie vs. Realität: Die Folgen für den DaF-Lerner

Folglich sieht sich ein Nicht-Muttersprachler mit dem Erlernen der Standardsprache einer Sprachrealität ausgesetzt, welche nicht seiner Auffassung und seinem Wissen von der deutschen Sprache entspricht (Baßler/Spiekermann 2001: 205). Nicht nur, dass dies zu Kommunikations- bzw. Verständnisschwierigkeiten führen kann. Die Sprache des Nicht-Muttersprachlers, als auch die Reaktion des Muttersprachlers kann zu Irritation führen (Mattheier 1990:10).

Laut Hirschfeld (1996: 188) wird schon seit den 70er Jahren eine „verständliche" Aussprache und nicht die Standardsprache angestrebt. Dennoch lässt sich noch heute in den DaF-Unterrichtsmaterialien die Standardsprache als Zielvarietät und die Vernachlässigung der regionalen Varietäten feststellen:

Der Klett-Verlag wirbt mit authentischen Charakteren und einer natürlichen Sprache (Klett 2017). Das Arbeitsbuch *Aussichten A1*[4] beginnt vielversprechend mit regionalen Begrüßungen (Ros-El Hosni/Swerlowa/Klötzer 2014: 14). Im gesamten Rest des Lehrwerkes findet man jedoch weder einen Hinweis auf die Wichtigkeit der regionalen Varietät, noch eine Fortführung dieser in den Übungen. Eine Übung zu verschiedenen Wendungen, inkl. des Hinweises auf die Wichtigkeit diese auswendig zu lernen, weckt Hoffnung (ebd.: 63). Es bleibt jedoch dabei, dass Fremdsprachlern weiterhin vor allem standardsprachliche und somit meist weniger geläufige Ausdrücke beigebracht werden, wie das folgende Beispiel zeigt: „Beim Frühstück sieht sie fern" (ebd.: 30). „Fernsehen" ist grammatikalisch und standardsprachlich gesehen der richtige Ausdruck. Heutzutage mag man ihn jedoch eher als den ‚eleganteren' und nicht als den geläufigen Ausdruck bezeichnen. Davon zeugen nicht

---

[4] Stellvertretend für weitere DaF-Lehrwerke, wird hier das DaF-Lehrbuch *Aussichten A1* (2014) – das Anfänger-Lehrwerk für Deutsch als Fremdsprache – eines der aktuellsten Lehrbücher, als Anschauungsbeispiel verwendet.

diverse Diskussionen in Online-Foren[5], geführt sowohl von DaF-Lernern als auch Muttersprachlern (Forum DaF 2015, Linguisten.de 2011).

Dass nicht nur die Sprachwissenschaft, sondern auch die DaF-Lerner, eine zeitgemäße Entwicklung und Anpassung an die Sprachrealität fordern, zeigt u.a. die Bemängelung des Fremdsprachenunterrichts durch Lehrer und Lerner in Zufriedenheitsumfragen (Baßler/Spiekermann 2001/2, Langer 2013). Hier sprechen sich vor allem DaF-Lerner für mehr Kenntnisse der regionalen Varietäten (bzw. Dialekte) aus.

Durch die (auch von DaF-Lernern tatsächlich wahrgenommene) Diversität der heutzutage gesprochenen „Sprache(n)' liegt es nahe der Forderung zuzustimmen, dass der Einbezug der Varietäten ein zwingender Bestandteil zukünftigen DaF-Unterrichtes sein sollte (Spiekermann 2007).

Ausrichtung des DaF-Unterrichtes: Orientierung an Bedürfnissen

Schon im Gemeinsamen Europäischen Referenzrahmen für Sprache (2001) steht geschrieben, dass es wichtig ist sich an den Bedürfnissen des Lernenden zu orientieren.

> „Dabei geht es in erster Linie um jenes Wissen und jene Fertigkeiten, mit denen der Sprachenlernende im öffentlichen, beruflichen und privaten Bereich sprachlich handlungsfähig und kulturell sensibilisiert wird" (GER 2001: 3).

Die Betonung liegt hier auf *sprachlich handlungsfähig*. Fälle wie die der chinesisch-stämmigen Tischtennis-Europameisterin Qianhong Gotsch zeigen jedoch, dass das Erlernen des Deutschen eine sprachliche Handlungsfähigkeit nicht automatisch miteinschließt. So habe sie zwar Deutsch an einer Volksschule erlernt, dies half ihr dennoch nicht dabei die Dialektsprecher außerhalb des Unterrichts zu verstehen (Baßler/Spiekermann 2001: 205).

> „Auf der Basis einer [...] Analyse der Sprachlern- und Sprachlehrsituation sehen wir es als grundlegend wichtig an, klar und explizit diejenigen Ziele zu formulieren, die in Hinblick auf die Bedürfnisse der Lernenden sinnvoll, gleichzeitig aber auch unter Berücksichtigung ihrer persönlichkeitsbezogenen Fertigkeiten und Ressourcen realistisch sind" (GER 2001: 9).

Dies schließt z.B. den jeweiligen Lernort mit ein. Befindet sich dieser in einem deutschsprachigen Raum, ist es sinnvoll und durchaus möglich, sich an den dortigen

---

[5] Internet-Foren für DaF-Lerner und-Lehrer, sprachwissenschaftlich Interessierte u.a.

regionalen Varietäten zu orientieren (Spiekermann 2007). Dabei steht Lehrkräften eine große Auswahl an Übersichten zu regionalen Varietäten zur Verfügung (Ammon 2016: XI).[6]

Dass Bedürfnisse und sprachliche Handlungsfähigkeit durchaus verknüpft gelehrt werden können, zeigt z.B. die Herausbildung des „berufsorientierten" oder „berufsbezogenen" Zweitsprachunterricht (Szablewski-Çavuş 2008: 1).

Rückbesinnung und zeitgemäße Umsetzung

Die Reaktionen auf diese Tatsache fallen unterschiedlich aus. So gibt es Lehrkräfte welche das Thematisieren der Varietäten aufgrund des hohen Zeitdrucks für unrealistisch halten (Baßler/Spiekermann 2001/2). Oder Sprachwissenschaftler die einen Verfall der deutschen Sprache befürchten (Maitz/Elspaß 2013: 36).[7]

Dabei scheint die Hauptproblematik klar: Die im DaF-Unterricht vermittelte Sprache „Deutsch" scheint nicht der tatsächlich im deutschen Sprachraum gebrauchten Sprache zu entsprechen.

Sowohl Sprachwissenschaftlern als auch DaF-Lernern ist bewusst, dass gewisse Varietäten „in Alltagssituationen für den Aufbau und die Erhaltung befriedigender kommunikativer Beziehungen sehr wichtig sind" (Baßler/Spiekermann 2001/2). Sprachkontakt ist eine alltägliche Situation auf welche die DaF-Lerner vorbereitet werden wollen (ebd.). Ist ein Nicht-Muttersprachler gut vorbereitet, wenn er den richtigen Imperativ gebraucht oder auf die Verbzweitstellung in ‚weil-Sätzen' achtet und sie umsetzt, wenn es nicht mal ein Muttersprachler so handhabt (Langer 2013: 411)?

Dass es nicht zu einer radikalen Änderung des DaF-Unterrichtsmaterials und -Lehrwerks kommen wird, erscheint weder realistisch, noch wird es so verlangt. Dennoch sollte eine zeitnahe Umsetzung bestimmter Maßnahmen erfolgen. Der Unterricht und die dort vermittelte Zielvarietät sollte an die Wünsche und Bedürfnisse. angepasst werden.

---

[6] z.B. das *Variantenwörterbuch des Deutschen* (Ammon/Bickel/Lenz 2016).
[7] Hier sei angemerkt, dass in keiner theoretischen Forderung der Anpassung des DaF-Unterrichtes eine Abwendung von der Standardsprache verlangt wird, so wie es vielleicht Vertreter der Homogenitätsideologie befürchten mögen (Langer 2013: 36).

Wie eine solche Maßnahme aussehen kann, zeigen Baßler und Spiekermann und gehen mit einer zeitgemäßen Lösung voran.[8] Sie haben „exemplarisch für das südwestdeutsche Sprachgebiet verschiedene multimediale Lerneinheiten für den DaF-Unterricht erarbeitet" und diese online zur Verfügung gestellt.[9] So wird den Lernenden außerhalb des geregelten DaF-Unterrichtes eine Möglichkeit geboten mit Varietäten – in einem ‚gesicherten' Lernumfeld – in Kontakt zu kommen. Baßler und Spiekermann (2011/2) umgehen so – fürs Erste - sowohl die Sorge der Lehrenden, die Forderung der Varietäten würde zeitlich nicht umsetzbar sein, als auch die Ideologie der Verfechter der Standardsprache als Zielvarietät. Diesem Projekt mögen weitere folgen, während die Diskussion über die angemessene Zielvarietät des DaF-Unterrichtes fortgesetzt wird.

---

[8] http://omnibus.ruf.uni-freiburg.de/~spiekerm/varietae.html
[9] Ein weiteres interessantes Projekt ist das Pilotprojekt der Westfälischen Wilhelmsuniversität Münster *Gesprochenes Deutsch für die Auslandsgermanistik* unter der Leitung von Frau Prof. Dr. Günthner.

Literatur

Ammon, Ulrich; Bickel, Hans; Lenz, Alexandra Nicole (Hgg.) (2016): Variantenwörterbuch des Deutschen – Die Standardsprache in Österreich, der Schweiz, Deutschland, Liechtenstein, Luxemburg, Ostbelgien und Südtirol sowie Rumänien, Namibia und Mennonitensiedlungen. Berlin/Boston: De Gruyter.

Baßler, Harald; Spiekermann, Helmut (2001): Regionale Varietäten des Deutschen im Unterricht Deutsch als Fremdsprache (I). In: Deutsch als Fremdsprache. 38,4. 205 – 2013.

Baßler, Harald; Spiekermann, Helmut (2001/2): Dialekt und Standardsprache im DaF-Unterricht. Wie Schüler urteilen – wie Lehrer urteilen. In: Linguistik online 2001 (2). Online unter: www.linguistik-online.de/9_01/BasslerSpiekermann.html, 08.11.17.

Bellmann, Günter (1983): Probleme des Substandards im Deutschen. In: Mattheier, Klaus J. (Hg.): Aspekte der Dialekttheorie. Tübingen: Niemeyer, 105 – 130.

Gemeinsamer europäischer Referenzrahmen für Sprache: lernen, lehren, beurteilen (2011)

Hinsken, Thomas (undatiert): Regionale Varietäten im Deutschunterricht – Fluch oder Segen? Online unter: http://jairo.nii.ac.jp/0026/00007059, 09.11.2017.

Hirschfeld, Ursula (1996): Standardaussprache – Ziel des Unterrichts Deutsch als Fremdsprache? In: Krech, Eva-Maria; Stock, Eberhard (Hgg.) (1996): Beiträge zur deutschen Standardaussprache. Hanau, Halle: Verlag Werner Dausien, 187-193.

Hirschfeld, Ursula; Stock, Eberhard (2014): Wie kommt die Aussprache ins (Aussprache-) Wörterbuch? Methoden, Probleme und Ergebnisse normphonetischer Untersuchungen zur deutschen Standardaussprache. In: Lexicographica, Band 30, 262 – 290.

Ros-El Hosni, Lourdes; Swerlowa, Olga; Klötzer, Sylvia et al. (2014): Aussichten A1 – Deutsch als Fremdsprache für Erwachsene. Arbeitsbuch mit Audio-CD und DVD. Stuttgart: Ernst Klett Verlag.

Langer, Nils (2010): Sprechereinstellungen zur Zielsprache im britischen und irischen DaF-Unterricht. In: Hundt, Markus; Lasch, Alexander; Anders, Christian Ada (Hgg.): Perceptual Dialectology: Neue Wege der Dialektologie. Berlin/New York: De Gruyter, 409 – 431.

Maitz, Peter; Elspaß, Stephan (2013): Zur Ideologie des ‚Gesprochenen Standarddeutsch'. In: Hagemann, Jörg; Klein, Wolf Peter; Staffeldt, Sven (Hgg.): Pragmatischer Standard. Tübingen: Stauffenburg, 35 – 48.

Mattheier, Klaus J. (1990): Überlegungen zum Substandard im Zwischenbereich von Dialekt und Standardsprache. In: Holtus, Günter; Radtke, Edgar (Hgg.): Sprachlicher Substandard III. Standard, Substandard und Varietätenlinguistik. Tübingen: Niemeyer, 1-16.

Schröter, Melanie; Langer, Nils (2011): Einleitung: Alltagssprache und Deutsch als Fremdsprache. German as a foreign language No 1, 2011.

Spiekermann, Helmut (2007): Standardsprache im DaF-Unterricht: Normstandard – nationale Standardvarietäten – regionale Standardvarietäten. In: Linguistik online 2007 (3). Online unter: http://www.linguistik-online.de/32_07/spiekermann.html, 15.10.2017.

Szablewski-Çavuş, Petra (2008): Deutsch als Zweitsprache: eine Schnittmenge der beruflichen Bildung. Online unter: http://www.sprache-arbeit-migration.de/mediapool/103/1036080/data/oedaf-szablewski_1_.pdf, 15.10.2017.

Onlinequellen

Forum Deutsch als Fremdsprache (2015): Fernsehen gucken. Online unter: http://www.deutsch-als-fremdsprache.de/austausch/forum/read.php?4,102423, 13.11.2017.

Klett Verlag (2017): Aussichten – Deutsch als Fremdsprache für Erwachsene. Online unter: https://www.klett-sprachen.de/aussichten/r-1/18#reiter=konzeption &niveau =A1, 13.11.2017.

Linguisten.de (2011): Fernsehen gucken? Online unter: https://www.linguisten.de/Thread-Fernsehen-gucken, 13.11.2017.

BEI GRIN MACHT SICH IHR WISSEN BEZAHLT

- Wir veröffentlichen Ihre Hausarbeit, Bachelor- und Masterarbeit

- Ihr eigenes eBook und Buch - weltweit in allen wichtigen Shops

- Verdienen Sie an jedem Verkauf

Jetzt bei www.GRIN.com hochladen und kostenlos publizieren